L'ŒUVRE SCIENTIFIQUE

DE

M. ALBERT ARNAUD

1853-1915

L'ŒUVRE SCIENTIFIQUE

DE

M. ALBERT ARNAUD

Imp. L. Schutzenberger

L'ŒUVRE SCIENTIFIQUE

DE

M. ALBERT ARNAUD

1853-1915

Albert ARNAUD

15 février 1853 - 27 mars 1915.

C'est avec une profonde tristesse et la sombre mélancolie qui ressort de l'évocation du passé que, dans ces quelques lignes, je viens rendre hommage aux travaux scientifiques de celui qui, pendant 35 ans, fut mon collègue au Muséum, dans toutes les étapes que nous dûmes alors y franchir côte à côte.

Arnaud était mon ancien, mais maintes circonstances, dont la moindre n'est pas la similitude de nos goûts et de nos aspirations, ont concouru à nous rapprocher. Dès l'époque déjà lointaine où je l'ai connu, nous unissions nos efforts dans un même sentiment d'amour de la science et de foi dans l'avenir ; nous échangions sans réserve nos impressions sur nos travaux personnels, dont chacun était pour ainsi dire nôtre. Animés d'un même désir, celui de nous consacrer entièrement à nos études favorites dans un laboratoire de Chimie officiel, nous nous encouragions mutuellement à poursuivre notre route dans ce sens : il y a mieux réussi que moi, car seul il a vu se réaliser cette espérance qui pour moi n'a été qu'un rêve. Notre vieille amitié n'en est pas devenue moins fidèle, ni l'intérêt que nous portions à nos travaux désormais dissemblables moins attachant.

Poussé par une irrésistible vocation, et avant même d'avoir terminé ses études classiques, Arnaud entra au laboratoire de Chevreul, en qualité d'élève, presque immédiatement après la guerre, en 1872 ; en 1883 il était appelé par son maître à la direction du laboratoire et resta préparateur du cours de Chimie appliquée aux corps organiques jusqu'à la mort de Cloez, qu'il remplaça au titre d'aide-naturaliste. Il avait été pendant 16 ans préparateur du cours de Physique et de Chimie que ce dernier professait à l'école des Beaux-Arts.

C'est en 1880, au cours d'une période de 28 jours que, par hasard, nous accomplissions tous deux dans la même section de télégraphie militaire, quelques mois après mon entrée au Muséum, que je le vis pour la première fois. Je terminais alors ma thèse pour le Doctorat, Arnaud s'occupait de l'analyse des quinquinas ; nous eûmes tôt fait connaissance, heureux l'un et l'autre de rencontrer un partenaire dans ce jeu qu'est pour les jeunes la recherche de la vérité scientifique.

Sa carrière fut au début remarquablement rapide et facile ; ses recherches sur les alcaloïdes, sa découverte de la cinchonamine dans l'écorce des Cuprea avaient justement attiré sur lui l'attention de tous, en particulier celle de Pasteur. Quelques années après il faisait connaître les premiers résultats de ses travaux sur la matière colorante rouge des feuilles, à peine entrevue autrefois par Fremy ; ce travail, auquel nous pouvons joindre le commencement de ses recherches sur les glucosides vénéneux, lui valut d'être présenté en seconde ligne par l'Académie des Sciences, en 1888, pour le remplacement de Debray dans sa section de Chimie. L'année précédente il avait partagé le prix Jecker de Chimie organique avec M. Haller.

Lors du centenaire de Chevreul, Arnaud avait présidé le comité d'organisation des fêtes que le monde scientifique voulait alors donner en l'honneur de son illustre doyen. Aide-naturaliste de la chaire, il était tout indiqué pour recueillir l'héritage de son vénéré maître ; aussi, après la mort de Chevreul, fut-il désigné, en 1890, par l'Assemblée des Professeurs du Muséum et par l'Académie des Sciences pour lui succéder.

La chaire de Chimie inorganique, vacante par suite de la retraite de son titulaire, venait d'être supprimée sans remplacement ; Arnaud se transporta alors, avec tout son matériel, dans les vastes laboratoires qu'occupaient auparavant Fremy, son personnel et ses élèves, abandonnant, dans un double sentiment de plaisir et de regret, les locaux exigus qui, derrière le grand amphithéâtre, avaient été témoins de ses premiers pas dans la science.

Arnaud avait conservé, profondément gravée dans son esprit, l'empreinte de son contact avec Chevreul et Cloez ; comme eux il prisait l'expérience plus que la théorie, et on peut dire de lui qu'il fut l'un des derniers représentants de cette vieille école qu'ont illustrée ses maîtres, en même temps que Pelletier, Caventou et bien d'autres aujourd'hui disparus. Le Muséum d'Histoire naturelle lui offrait sous ce rapport des ressources dont il ne manqua pas de profiter : chaque fois qu'un produit nouveau, une graine ou une écorce peu connue lui parvenaient, il s'empressait d'en entreprendre l'étude chimique, et c'est ainsi qu'il parvint à découvrir un certain nombre de principes immédiats intéressants.

Ses relations avec une fabrique importante de quinine l'avaient conduit à rechercher cette précieuse base dans les quinquinas de différentes provenances et dans les espèces voisines ; c'est au cours de ces investigations qu'il reconnut l'existence, dans certains Cuprea importés de Colombie, d'un nouvel alcaloïde, auquel il donna le nom de cinchonamine, pour rappeler ses rapports de composition avec la cinchonine et la quinamine de Hesse.

Cette base, à part ses propriétés physiologiques qui en feraient un succédané de la quinine si elle n'était pas fortement toxique en même temps que fébrifuge, possède la propriété curieuse de donner un nitrate extrêmement peu soluble dans l'eau pure et tout à fait insoluble dans l'eau acidulée. Arnaud a mis cette circonstance à profit pour établir un nouveau procédé de dosage pondéral de l'acide nitrique et, en collaboration avec M. Padé, une méthode de recherche microchimique des nitrates dans les tissus végétaux.

Sa connaissance approfondie des alcaloïdes du quinquina devait le conduire plus tard à d'autres découvertes importantes. En commun avec Grimaux, il réussit, en la traitant par l'iodure de méthyle en présence d'alcool méthylique et de sodium, à transformer la cupréine en quinine ; ce résultat démontrait que la quinine n'est autre que l'éther méthylique de la cupréine.

Par l'application de la même méthode, Arnaud et Grimaux parvinrent à préparer toute une série de dérivés nouveaux de la cupréine, éthylique, propylique, isopropylique et amylique, qui tous sont des bases homologues de la quinine.

Étudiant ensuite la matière colorante des feuilles, Arnaud réussit à en extraire, par le seul jeu de dissolvants neutres, incapables d'exercer sur elle aucune action chimique, un principe cristallisé rouge, donnant un dérivé iodé caractéristique, qu'il identifia à la carotine déjà connue ; mais, alors qu'on admettait la présence de l'oxygène dans sa composition, Arnaud fit voir que la carotine ne renferme que du carbone et de l'hydrogène, fait d'autant plus remarquable qu'à cette époque, il y a trente ans, tous les chimistes enseignaient que les hydrocarbures sont nécessairement incolores.

Au cours de ce travail Arnaud reconnut que chez les feuilles séchées dans le vide, la matière verte est à peu près insoluble dans l'éther de pétrole, tandis que la carotine y est abondamment soluble : c'est une observation qui a été plus tard mise à profit par Willstätter dans ses recherches sur la chlorophylle.

En se fondant sur la coloration rouge orangée intense que la carotine communique au sulfure de carbone, Arnaud a pu doser ce pigment dans différentes espèces végétales ; il en a trouvé de 50 à 200 milligrammes pour 100 grammes de feuilles sèches. Remarquant enfin que la carotine, très altérable, peut absorber par son seul contact avec l'air 24 % de son poids d'oxygène, il en conclut que cette substance joue probablement un rôle considérable dans les phénomènes d'oxydation et de réduction dont les plantes sont le siège.

L'hydrocarotine que Husemann avait signalée comme accompagnant la carotine dans la carotte, n'est autre chose, suivant Arnaud, que de la cholestérine végétale.

L'étude des poisons à flèches qu'emploient les naturels du Congo et de l'est africain a longuement retenu son attention et là encore il a obtenu des résultats d'une haute importance.

Ayant eu à sa disposition, par l'intermédiaire de M. Revoil, l'explorateur bien connu, une certaine quantité de bois *d'Acokanthera Ouabaïo*, apocynée toxique dont les Somalis se servent pour cet usage, Arnaud en retira un corps cristallisé, l'ouabaïne, dont il fit connaître d'abord, en commun avec le Dr de Rochebrune, les propriétés physiologiques : c'est un poison du cœur d'une grande énergie. Procédant ensuite à son étude chimique, Arnaud montra que l'ouabaïne est un glucoside à base de rhamnose, comme les matières colorantes des graines jaunes et du quercitron, puis en décrivit un certain nombre de combinaisons métalliques, un éther pentacétique cristallisé et enfin plusieurs dérivés nitrés nettement définis.

La même ouabaïne a été retrouvée par Arnaud dans les semences du *Strophantus* glabre du Gabon, également signalé pour ses propriétés toxiques.

Des amandes du *Strophantus Kombé* ou Inée, qui sert aux Fans ou Pahouins pour empoisonner leurs flèches, Arnaud a de même extrait un glucoside cristallisé, la strophantine, qui présente la composition d'un homologue supérieur de l'ouabaïne.

Enfin il est parvenu à extraire le principe actif du *Tanghinia venenifera* de Madagascar, le fameux poison judiciaire des Malgaches, également à l'état pur et cristallisé. La tanghinine n'est pas azotée, non plus que l'ouabaïne et la strophantine, mais elle diffère essentiellement de celles-ci parce qu'elle ne donne pas de sucres réducteurs à l'hydrolyse ; elle n'appartient donc ni à la famille des alcaloïdes, ni à celle des glucosides.

Ces trois substances, l'ouabaïne, la strophantine et la tanghinine ont, d'après le Dr Gley, des propriétés physiologiques analogues : ce sont des poisons cardiaques redoutables, dont deux, l'ouabaïne et surtout la strophantine, ont pris place dans les formulaires de la thérapeutique.

Leurs effets étant semblables à ceux de la digitaline, Arnaud a été conduit à reprendre l'étude de cette dernière. Contrairement à l'opinion émise par différents auteurs, il a trouvé que la digitaline cristallisée du commerce, aussi bien que celle que l'on peut préparer au laboratoire, constitue un principe chimique défini, dont il établit la véritable formule en passant par l'intermédiaire de son sel de baryum cristallisé. Le dérivé barytique de la tanghinine, qui est amorphe, donne à l'analyse des nombres qui sont d'accord avec la formule proposée antérieurement pour cette substance.

En collaboration avec Verneuil, Arnaud a imaginé un procédé nouveau d'extraction des gommes contenues dans les lianes à caoutchouc. Cette méthode, qui consiste essentiellement en une série de broyages et de lévigations dans l'eau chaude, donne d'excellents rendements, pouvant s'élever jusqu'à 6 et 8 % du tout venant ; son application industrielle n'a malheureusement pas pu se développer, à cause des difficultés de transport de la matière première dans des régions qui manquent absolument de voies de communication.

On doit également à Arnaud une série de recherches fort intéressantes sur les matières grasses d'origine végétale. Ayant découvert, dans la graine de *Tariri* du Guatemala, un acide gras nouveau, l'acide taririque, qui appartient à la série stéarolique, c'est-à-dire à la famille des acides acétyléniques, Arnaud s'attacha particulièrement à l'étude de ces derniers et réussit à élucider un certain nombre de questions intéressant leurs rapports réciproques et leur parenté avec les acides gras moins incomplets ou saturés.

Par l'acide iodhydrique et le phosphore il ramène l'acide taririque et l'acide stéarolique à l'état d'acide stéarique. Par oxydation avec le permanganate il transforme le premier en acides mono et dicétotaririque, puis le dédouble en acides adipique et laurique, ce qui lui permet d'établir en toute assurance sa formule de constitution. L'étude des produits de dédoublement des deux acides amidotaririques dérivés par la réaction de Beckmann de l'acide cétoximetaririque le conduit aux mêmes conclusions, à savoir que l'acide taririque est un acide à fonction acétylénique, dont la triple liaison se trouve entre le sixième et le septième groupe hydrocarboné, comptés à partir du carboxyle terminal.

Un peu plus tard, en collaboration avec M. Hasenfratz, il approfondissait encore cette question et montrait qu'il se forme en réalité, quand on oxyde fortement l'acide taririque et l'acide stéarolique, quatre acides distincts, dont deux monobasiques et deux bibasiques. Ce fait prouve que la chaîne peut se rompre en deux endroits différents, correspondant aux deux carbonyles acétoniques qui apparaissent d'abord par saturation de la triple liaison.

Des résultats analogues ont été obtenus par Arnaud et Posternak en étudiant les dérivés iodés par addition des mêmes acides incomplets. Par l'action directe de l'iode, en présence d'acide acétique à 50°, les acides taririque, stéarolique et béhénolique donnent des produits d'addition diiodés, parfaitement cristallisés, stables à la lumière, d'où l'hydrogène naissant régénère les acides primitifs. Par la facilité avec laquelle ils cristallisent, ces composés permettent d'effectuer aisément la séparation des acides de la série stéarolique de ceux de la série oléique, qui ne se combinent pas directement à l'iode.

En traitant l'acide stéarolique par l'acide iodhydrique il se forme un composé huileux qui par la potasse alcoolique fournit un mélange d'acide stéarolique régénéré avec deux nouveaux isomères cristallisés, formés par déplacement de la triple liaison un moment saturée.

Si l'on fixe seulement une molécule d'acide iodhydrique sur les acides gras acétyléniques on obtient des dérivés monoiodés d'où l'hydrogène naissant dégage des acides de la série oléique : celui de l'acide stéarolique donne ainsi de l'acide élaïdique ordinaire, celui de l'acide taririque un isomère du précédent et celui de l'acide béhénolique de l'acide brassidique.

Les dérivés monoiodhydriques de l'acide stéarolique et de l'acide béhénolique existent d'ailleurs sous deux formes isomères, suivant que l'iode se trouve à gauche ou à droite de la double liaison ; par la potasse ils régénèrent quantitativement les acides stéarolique ou béhénolique primitifs.

L'acide oléique lui-même peut subir une isomérisation du même ordre ; en traitant par la potasse alcoolique son produit d'addition iodhydrique on obtient un mélange d'acide oléique régénéré, d'acide élaïdique ordinaire $\Delta_{9 \cdot 10}$, d'acide élaïdique $\Delta_{8 \cdot 9}$ isomère du précédent et d'acide oxystéarique $C^{18}H^{36}O^{3}$. Cette réaction, beaucoup plus complexe, comme on le voit, que celle admise jusqu'alors, montre bien l'indifférence que manifeste l'iode vis-à-vis de la position qui lui est offerte dans la molécule des acides gras éthyléniques ou acétyléniques ; elle permettra sans doute d'obtenir encore d'autres isomères dans ces séries à chaîne longue où la liaison multiple peut occuper un grand nombre de places différentes.

Citons enfin, parmi les travaux les plus intéressants d'Arnaud, son étude, faite en collaboration avec M. Ch. Brongniart, de la cigale vésicante de la Chine et du Tonkin, où il montre que cette propriété de l'insecte est due à une huile particulière, qu'on peut rapprocher de celle du *Croton tiglium*, ainsi que quelques recherches sur la pyocyanine cristallisée et les produits de transformation de la matière organique qui sert d'aliment au bacille pyocyanique. De ce travail, entrepris en collaboration avec Charrin, il résulte que la pyocyanine n'entre pour rien dans les accidents provoqués par l'inoculation des cultures du bacille qui l'élabore.

Ces travaux, effectués pour la plupart à un âge où l'on peut espérer en produire encore un grand nombre d'autres équivalents, avaient fait connaître Arnaud comme habile chimiste et expérimentateur de premier ordre. Tous ceux qui en l'approchant avaient apprécié sa puissance de production étaient d'accord pour lui présager le plus brillant avenir, lorsque le mal qui devait l'emporter vint brusquement trahir ses efforts et l'arrêter dans sa course. Dès 1900, ainsi qu'en témoigne une lettre trouvée après sa mort dans les papiers où il faisait connaître ses dernières intentions, Arnaud s'était senti gravement atteint ; son activité se ralentit alors, avec des périodes de recrudescence qui nous ont valu, notamment, ses importants Mémoires sur les acides gras, et des périodes de repos prolongé qui étonnaient ses amis, ignorants de son état et de ses sentiments intimes.

Il se plaignait seulement, à la fin de chaque année scolaire, de la fatigue que lui causait son cours du Muséum ; lui donnant tous ses soins, il tenait à le faire toujours lui-même, et l'une de ses grandes préoccupations, dans les derniers mois de sa vie, fut de ne pouvoir l'ouvrir à sa date habituelle.

Rien cependant ne faisait prévoir une issue fatale aussi prompte ; un séjour dans le Midi, une cure de haute fréquence en 1912, puis une saison à Royat en 1913 semblaient l'avoir définitivement rétabli ; il avait même repris sa gaîté d'autrefois, quand les émotions consécutives aux tragiques événements de 1914 vinrent à nouveau l'abattre. La perte de l'un de ses fils aînés, mort au champ d'honneur pendant la bataille de la Marne, lui porta le dernier coup ; rentré péniblement à Paris dans le courant du mois d'octobre, il dut presque aussitôt s'aliter ; en dépit des soins que lui prodiguait sa famille, son état, aggravé encore par une dépression morale touchant à la neurasthénie, empira rapidement et, le 27 mars 1915 au matin, il s'éteignait doucement, alors que personne ne soupçonnait encore qu'il fût réellement en danger.

La mort d'Arnaud sera cruellement ressentie par tous ceux qui l'ont connu de près ; que le souvenir qu'ils lui gardent adoucisse, s'il est possible, la douleur des proches sur lesquels il avait concentré ses plus chères affections ! A ses enfants comme à tous il laisse un bel exemple à suivre : le culte de la famille et l'amour de la vérité, dans toutes ses manifestations.

L. MAQUENNE,

Membre de l'Institut,
Professeur au Muséum d'Histoire naturelle.

1er Avril 1915.

Liste chronologique des travaux de M. A. Arnaud.

C. R. = Comptes rendus de l'Académie des Sciences.
B. = Bulletin de la Société chimique de Paris.

1. Sur un nouvel alcaloïde des quinquinas. — *C. R.*, **93**, 593 et *Mon. scientifique* (1881).

2. Recherches chimiques et toxico-physiologiques sur l'Ouabaïo, poison à flèches des Somalis (en commun avec le Dr de Rochebrune). — *Mission Revoil aux pays Somalis* (1882).

3. Sur les écorces des quinquinas Cuprea. — *J. Pharm. et Chim.*. 5e s., **5**, 560 (1883).

4. Recherches sur la cinchonamine. — *C. R.*, **97**, 174 et *B.*, **41**, 590 (1883).

5. Recherche chimique de l'acide nitrique, des nitrates dans les tissus végétaux (en commun avec M. Padé). — *C. R.*, **98**, 1488 et *B.*, **42**, 249 (1884).

6. Dosage de l'acide nitrique, par précipitation à l'état de nitrate de cinchonamine. Application de ce procédé au dosage des nitrates contenus dans les eaux naturelles et dans les plantes — *C. R.*, **99**, 190 (1884).

7. Recherches sur les matières colorantes des feuilles ; identité de la matière rouge orangé avec la carotine — *C. R.*, **100**, 751, (1885).

8. Recherches sur la composition de la carotine, sa fonction chimique et sa formule. — *C. R.*, **102**, 1119 et *B.*, **46**, 487 (1886).

9. Sur la présence de la cholestérine dans la carotte ; recherches sur ce principe immédiat. — *C. R.*, **102**, 1319 et *B.*, **46**, 488 (1886).

10. Dosage de la carotine contenue dans les feuilles des végétaux. — *C. R.*, **104**, 1293 (1887).

11. Sur la carotine. — *B.*, **48**, 64 (1887).

12. Sur une cigale vésicante de la Chine et du Tonkin (en commun avec M. Ch. Brongniart). — *C. R.*, **106**, 607 (1888).

13. Sur la matière cristallisée active des flèches empoisonnées des Somalis, extraite du bois d'Ouabaïo. — *C. R.*, **106**, 1011 et *B.*, **49**, 850 (1888).

14. Sur la composition élémentaire de la strophantine cristallisée, extraite du Strophantus Kombé. — *C. R.*, **107**, 179 et *B.*, **49**, 418 et 451 (1888).

15. Sur la matière cristallisée active, extraite des semences du Strophantus glabre du Gabon. — *C. R.*, **107**, 1162 et *B.*, 3e s., **1**, 2 et 10 (1888).

16. Sur la tanghinine cristallisée, extraite du Tanghinia venenifera de Madagascar. — *C.* R., **108**, 1255 (1889).

17. Recherches sur la digitaline cristallisée. — *C. R.*, **109**, 679 (1889).

18. Recherches sur la digitaline et la tanghinine. — *C. R.*, **109**, 701 (1889).

19. Recherches sur la carotine ; son rôle physiologique probable dans la feuille. — *C. R.*, **109**, 911 (1889).

20. Recherches chimiques sur les sécrétions microbiennes. Transformation et élimination de la matière organique azotée par le bacille pyocyanique dans un milieu de culture déterminé (en commun avec Charrin). — *C. R.*, **112**, 755 (1891).

21. Transformation de la cupréine en quinine (en commun avec Grimaux). — *C. R.*, **112**, 774 et *B.*, 3e s., **5**, 722 (1891).

22. Recherches chimiques et physiologiques sur les sécrétions microbiennes. Transformation et élimination de la matière organique par le bacille pyocyanique (en commun avec Charrin). — *C. R.*, **112**, 1157 (1891).

23. Sur la quinéthyline, base homologue de la quinine (en commun avec Grimaux). — *C. R.*, **112**, 1364 et *B.*, 3e s., **6**, 83 (1891).

24. Sur un nouvel acide gras non saturé de la série $C^nH^{2n-4}O^2$. — *C. R.*, **114**, 79 et *B.*, 3e s., **7**, 233 (1892).

25. Sur la transformation de la cupréine en diiodométhylate de quinine (en commun avec Grimaux). — *C. R.*, **114**, 548 (1892).

26. Sur quelques bases homologues de la quinine (en commun avec Grimaux). — *C. R.*, **114**, 672 et *B.*, 3e s., **7**, 304 (1892).

27. Transformation de l'acide taririque et de l'acide stéarolique en acide stéarique. — *C. R.*, **122**, 1000 (1896).

28. Recherches sur l'ouabaïne. — *C. R.*, **126**, 346 et *B.*, 3e s., **19**, 201 (1898).

29. Sur les produits de dédoublement de l'ouabaïne par hydrolyse. — *C. R.*, **126**, 1208 et *B.*, 3e s., **19**, 734 (1898).

30. Action des alcalis sur l'ouabaïne. — *C. R.*, **126**, 1280 et *B.*, 3e s., **19**, 831 (1898).

31. Sur une heptacétine cristallisée dérivée de l'ouabaïne. — *C. R.*, **126**, 1654 et *B.*, 3e s., **19**, 939 (1898).

32. Sur les dérivés nitrés résultant de l'action de l'acide nitrique sur l'ouabaïne. — *C. R.*, **126**, 1873 et *B.*, 3e s., **19**, 992 (1898).

33. Sur un nouveau procédé d'extraction du caoutchouc contenu dans les écorces de diverses plantes et notamment des Landolfia (en commun avec Verneuil). — *C. R.*, **130**, 259 (1900).

34. Constitution de l'acide taririque. — *C. R.*, **134**, 473 et *B.*, 3e s., **27**, 354, 484 et 489 (1902).

35. Sur les acides dioxytaririque et cétotaririque. — *C. R.*, **134**, 547 (1902).

36. Sur les produits de dédoublement des acides amidotaririques. — *C. R.*, **134**, 842 (1902).

37. Sur les dérivés diiodés d'addition des acides gras supérieurs de la série $C^nH^{2n-4}O^2$ (en commun avec M. Posternak). — *C. R.*, **149**, 220 (1909).

38. Sur l'hydrogénation partielle des acides de la série stéarolique et sur l'isomérie de leurs dérivés monoiodhydriques (en commun avec M. Posternak). — *C. R.*, **150**, 1130 (1910).

39. Sur deux nouveaux isomères de l'acide stéarolique (en commun avec M. Posternak). — *C. R.,* **150**, 1245 (1910).

40. Sur l'isomérisation de l'acide oléique par déplacement de la double liaison (en commun avec M. Posternak). — *C. R.*, **150**, 1525 (1910).

41. Sur l'oxydation des acides gras supérieurs à fonction acétylénique (en commun avec M. Hasenfratz). — *C. R.*, **152**, 1603 (1911).

MACON, PROTAT FRÈRES, IMPRIMEURS.

www.ingramcontent.com/pod-product-compliance
Lightning Source LLC
LaVergne TN
LVHW021642170726
843501LV00007B/2365
* 9 7 8 2 3 2 9 6 5 6 8 7 8 *